और वो शीशी में कैद हो गया

PRATIBHAASHAALEE BEVADE KEE PREMAKATHA

राजेश कुमार गिरि

आपको समर्पित...

यह पुस्तक लेखक ने अपने स्वर्गीय माता-पिता के चरण -कमलों में समर्पित किया है ! सपनो को पूरा करने के जूनून और जीवन के प्रतियोगिता की आपा-धापी की वजह से दो पल आप लोगों के पास बैठकर अपनी दर्दभरी दास्ताँ सुना नही पाया कभी ! आखिर वही कहानियाँ लेकर मैं नगर -नगर शुभचिन्तकोंकी तलाश में भटक रहा हूँ ! ना जाने किसी भेष में मिल जाए वो प्यार !

क्रम-सूची

प्रस्तावना

कहानियाँ कुछ तो कहती है , क्योंकि लेखक या लेखिका अपनी गहन एवं अथाह कल्पनाओ के समुन्द्र से विचारो और भावनाओ की मोती चुन-चुनकर वाक्यों में पिरोते है ! तब जाकर कही वास्तविक परिस्थितियो का जीवन्त तस्वीर बनता है ...

सहज प्रेरणादायक व्यक्तित्व, अद्वितीय चरित्र और जीवन संघर्ष के साथ कल्पनाओ की मेल ही लेखनी को जन्म देती है !

आज इस पुस्तक "और वो शीशी में कैद हो गया " को सर्वप्रथम अपने बाबूजी स्वर्गीय श्री कान्ति गिरि के चरणों में सादर समर्पित करता हूँ !

इसके साथ ही गुरु श्री राज कुमार भाटिया (भाटिया जी सर) और श्री मनोज कुमार सोनी का भी आभार प्रकट करना चाहता हूँ, जिनके शुभाषिश और मार्गदर्शन से जीवन मूल्यों की समझ के साथ-साथ ज्ञानार्जन हुआ ! उनके स्नेह और यथोचित शिक्षा के परिणामस्वरूप ही एक ज्ञानहीन धीरे-धीरे सीखकर शीर्ष तक का सफ़र तय करने में सफल हुआ !

आंग्ल (अंग्रेजी) भाषा में तो वर्षो से लिखता रहा हूँ , परन्तु अब अपनी मातृभाषा के लिए जीवन अर्पित है ! यह कृति इन्ही प्रयासों की सीढी है , जहाँ अप्रत्यक्ष या परोक्ष रूप से आपकी सहायता के लिए सादर नमन और दिल से धन्यवाद !

राजेश कुमार गिरि

भूमिका

राजेश से दो बातें

"थक-सा गया था वह , सामजिक, जातिय और आर्थिक विषमता से लड़ते-लड़ते ! उसे तो बस तनिक ठहराव की चाहत थी ! उसके लिए जिंदगी की तपती -सुलगती धूप की जलन से मुक्ति के खातिर , सुकून की छाँव के कुछ पल भी बेहिसाब थे, पर निर्दयी किस्मत ...

आज एक ऐसी प्रेम-कथा प्रस्तुत कर रहा हूँ , जिसका नायक प्रतिभाशाली व्यक्तित्व का मालिक होने के बाद भी अपनी जिंदगी में सपनो को ना जी पाया और नाहीं सफलता के शीर्ष पर टीक पाया ! जीवन , सामाज और परिस्थितियो में तालमेल बनाने के प्रयासों से हारकर धैर्य खोने लगा !

एक रूमानी प्रेमी , गणित और भौतिकी का बेहतरीन शिक्षक और कहानीकार नशे में डूब अपने वजूद को मिटाने लगा और धीरे -धीरे शीशी में कैद हो गया !"

कहने को तो वह बेवडा , सुबह से शाम तक पौव्वा के जुगत-जुगाड़ में काल्पनिक कहानियो का ताना-बाना बुनकर ; कभी मित्रो, कभी रिश्तेदारों और कभी मददगारो की चुगली कर अपनी श्रेष्ठता साबित का असफल प्रयास करता रहता था ! पर वास्तव में वह अपने हार से हताश अपने मन की बेचैनी और दरिद्रता वश पनपी गृह-क्लेश को छिपाने का निर्थक प्रयास करता था !

पर आखिर किसी ज़माने में शीर्ष का प्रतिभाशाली गणित और भौतिकी का शिक्षक , किस प्रकार नशे का आदी होकर पथभ्रष्ट हो गया ?

"और वो शीशी में कैद हो गया " कहानी इन्ही रहस्यों से एक-एक कर पर्दा उठाएगी! यह एक ऐसी कहानी है , जो मेरे ज़हन में वर्षा से मांसखोर पक्षी की तरह ,उस बवडे

(नायक- धनु) के मिटते वजूद और असफलता की तड़प गाहे-बगाहे मेरे दिलो-दिमाग को कुरेदती रही है !

कई वर्षा से इस टीस को सुई की चुभन के भांति सहता रहा हूँ ! कैसे समाज में व्याप्त जातिय असमानता , गरीबी में पनपे प्रतिभा का तिरस्कार और नशे की लत , मान-सम्मान , रूतवा और धन का नाश कर उसे शिखर से जमीन पर पटक देती है और एक ऐसी जिंदगी जीने पर मजबूर कर देती है ; जिसकी उसने कभी कल्पना भी नहीं की होगी !

"वह प्रेम-कथा , जिसमे प्रेमी अपनी प्रेयसी से मिलने मात्र के लिए गर लुकाछिपी का खेल ना खेला हो तो उसमे प्रणय ,प्रलाप और रोमांच की कल्पना भी कैसे की जा सकती है ..."

मैं तो वक़्त की तरह उसके जीवन की प्रेमलीला का गवाह हूँ ! किस प्रकार धनु अपनी प्रेमिका काजल से मिलने और प्रेम-पत्र की अदला-बदली के लिए कई किलोमीटर दूर पैदल ही तपती दोपहरी में पहुच जाता था !

यह कहानी अनायास ही नहीं लिखी गयी है ! इसमे लेश-मात्र ही कल्पना और मसाले का तड़का है, जिससे की पाठक कहानी का आनंद लेते हुए यथार्थ और कहानी की मूलभाव को समझ सके !

"और वो शीशी में कैद हो गया " कहानी एक अद्भुत चित्रण है , जिसमे मानव भावनाओ , सपनो और संघर्ष के साथ -साथ शिखर से गिर कर शून्य की स्थिति में कैसे एक सम्मानित और प्रतिभाशाली व्यक्ति भी तिरस्कार का पत्र बन जाता है !

- प्रेम विवाह की चाहत में तड़प है तो विरह की पीड़ा भी है !
- सफलता की वजह से भटकन है तो असफल होने पर अटकन भी है !
- स्वप्न का पर्दा भी है तो हकीकत का सामना भी है !
- सम्मान की भोर गर है तो तिरस्कार की साँझ भी है !

इस कहानी के माध्यम से समाज को सन्देश देने का अदनी सी प्रतिबद्धता है ! कहानी को घटना क्रम के हिसाब से सामंजस्य बनाकर कई अध्याओ में बाँट दिया ! जिससे की कहानी रोचक लगे और स्पष्ट भाव व्यक्त हो सके !

पावती (स्वीकृति)

कहानी सच्ची घटना पर आधारित हैपरन्तु पात्रो के नाम काल्पनिक है ; जिससे की किसी भी पात्र की सामजिक स्तिथियों पर कोई प्रभाव नहीं पड़े ! भविष्य में कभी कोई नायक हार से हताश ना हो और जीतने का पुन:प्रयास करें !

अगर पात्रो के नाम किसी से मिलते है या घटना क्रम में खुद को महसूस करता है तो यह संयोग मात्र है और लेखक इसके लिए कतई जिम्मेवार नहीं है !

इन्ही शब्दों के साथ आपका धन्यवाद् करते हुए , कहानी को शुरू करते है और आशा करते है की आप इससे कुछ नया जरुर सीखेंगे!

1

वो पहली मुलाकात

जब मैं उससे पहली बार मिला

"बेचैनियाँ बजारों में नहीं बिकती ! इन्हें तो प्रसाद की तरह वितरित किया जाता है और इन्हें बाँटने वाला कोई और नहीं , बल्कि अपना ही कोई दिल अज़ीज़ होता है ..."

उम्मीदों का एक सपना लेकर , भविष्य में चिकित्सक बनने की मीठी धून के साथ मेडिकल प्रवेश परीक्षा की तैयारी करने के लिए राजपटना में तड़के सुबह पहुँच गया था !

आजराज की पहली मुलाकातहोने वाली थी इसकहानी के नायक धनुसे !पहली ही मुलाकात में धनु के व्यवहार और पल भर में फैसला करने की अद्भूत क्षमता ने दिलोदिमाग पर अमिट छाप छोड़ दी !

पटना , बिहार की राजधानी ,गंगा नदी के दक्षिणी किनारे पर स्थित प्राचीन धरोहरों की पृठभूमि है ! इसे संसार के सबसे पुराने शहरों में से एक होने का गौरव प्राप्त है ! बेहतरीन प्रतिभा और शिक्षा का डंका वर्षों से बजता रहा है ! तभी तो हर एक मेधावी छात्र-छात्राओं का सपना होता है की अपने सपनो का उड़न भरने के लिए पटना

आये ! राज भी कोई अपवाद नहीं था ! उसने भी इंटरमीडिएट विज्ञानं संकाय की शिक्षा पूरी कर चिकित्सक बनने की लालसा के साथ पटना का रूख किया !

भोर होते -होते राज और उसका मित्र संजूदोनों पटना गायघाट के लिए , महात्मा गाँधी सेतु पर बस से उतरे ! सुबह की ठंडी-ठंडी हवा , गंगा के पानी की कल-कल की मधुर आवाज और शहर की शोर ने उनका स्वागत कुछ ऐसे किया की ठंडी हवा से शरीर सिहर -सा गया ! शहर की शोर ने थकान और अनिंद्रा की वजह से पनपी उबासी को और बाढा दिया ! लेकिन ऐसे में गंगा किनारे फैली प्राकृतिक छटा ने मन मोह लिया और दिल को राहत मिली !

पूल से नीचे उतरते ही गाँधी मैदान के लिए सवारियां मिल जाती थी ! इसलिए कोई जल्दोबजी नहीं थी! दोनों मित्र चाय की टपरी पर पहुंचे और चाय बिस्कुट से उस सुबह की

शुरुआत की !

गंतव्य स्थान कहे या मंजिल का पहला पड़ाव , भारती जीके डेरा-बसेरा ! पूरी योजना बनाकर ही राज निकला था , अपने घर और गाँव - सोनखर से !

टैम्पू की सवारी आरामदायक लगी , इसी वजह से टैम्पू से ही गाय-घाट से गाँधी मैदान के लिए चल पड़े क्योंकि रास्तें में मुसल्लह पुर ही आखिरी पड़ाव था ! मुसल्लह पुर उतरकर सीधे भारती जी के डेरे की तरफ रूख किया ! राज के रिश्तेदार थे भारती जी , सहयोग की अपेक्षा से ही दोनों मित्र वहां पहुंचे थे ! पर यह क्या ?

भारती जी किसी टूर पर निकल गए थे ! दरवाजा बंद , ढेरो भरी समान और अनजान शहर ; ऐसे में क्या करें ? कहाँ जाये ? किससे मिलकर डेरे -बसेरे की बदोबस्त करें ....

कोई तत्कालीन हल नहीं सूझ रहा था ! तनाव के कारण बेचैनी बढ़ी सी जा रही थी !

कहते है ना -बेचैनियाँ बजारों में नहीं बिकती ! इन्हें तो प्रसाद की तरह वितरित किया जाता है और इन्हें बाँटने वाला कोई और नहीं , बल्कि अपना ही कोई दिल अज़ीज़ होता है

"जिंदगी में कई बार ऐसे मौके आते है , जब आपको तात-क्षण फैसला करना पड़ता है ! आपका लिया गया फैसला ही आपके भविष्य की दिशा और दशा को निर्धारित करता है !"

इस्तेफाक से भारती जी के एक मित्र का पता उनके पड़ोस में रहने वाले एक छात्र ने दे दिया और आस्वस्थ किया कि यहाँ से उनकी जानकारी भी मिल जाएगी और तत्काल रहने की व्यवस्था भी संभव है ! अब क्या मानो जेठ की तपती-सुलगती दोपहरी में गलती से मानसूनी व्यार बहने लगी और रिमझिम फुहार पड़ने लगी हो !

राज और संजू कुछ समय के लिया अपने सभी समान भारती जी के पड़ोसी के घर के बाहर रख कर धनु से मिलने निकल पड़े ! बी. डी मेहता लॉज -प्रतियोगी परीक्षा की तैयारी करने वाले छात्रों का शैक्षणिक केंद्रपहुंचे !

और यही हुई राज की धनु से पहली मुलाकात !

"ठिगना कद ,गोल-मटोल शारीर , आँखों में सपनो की चमक और चहरे पर आत्मविश्वास की आभा ! पहली ही नज़र में प्रभावित किया था उसने ! फिर बात करने की शैली और समस्या को हल कर देने की कला निराली लगी !"

कौन नहीं जानता था धनु को उस लॉज में ?

बिना किसी परेशानी राज पहुँच गया धनु के कमरे पर ! अपना परिचय भारती जी के रिश्तेदार के रूप में दिया और अपनी परेशानी से अवगत कराया ! कुछ देर सोचने- विचारने के बाद समान अपने भतीजों के कमरे में रखने को बोल दिया ! फिर कुछ ही घंटों में कमरे की व्यवस्था करवा दी ! एक अजनबी ने बिना किसी शर्त नि:स्वार्थ मदद की ! राज ने दो दिन

बाद ही पटना छोड़ दिया ! फ़िर कई लगभग सात सालों के बाद दिल्ली में हुई उनकी दूसरी मुलाकात !

और इस निःस्वार्थ मदद का सिलसिला दिल्ली तक जारी रहा!

• 3 •

2

नि: स्वार्थ सहज मदद

पटना से दिल्ली तक मदद

"कुछ क्षण हमारे जीवन में ऐसे आते है, जब समस्याओ का चक्रव्यूह हमें चहू-ओर से घेर कर इतना विवश कर देता है कि निर्णय ले पाना संभव प्रतीत नहीं होता है ! परन्तु नियति हर पल कुदरत की इच्छानुसार यश-अपयश, जय-पराजय और जीवन-मृत्यु का अंतिम फैसला करने को आतुर रहती है ..."

धनु पटना छोड़कर पूर्वी दिल्ली में अपने शिक्षण का जादू बिखेरने लगा था ! धनु के पाटलिपुत्र से दिल्ली तक पहुँचने के समयांतराल में घटित घटनाओ की भी अपनी एक दिलचस्प कहानी थी ! किसी दूसरी किताब मे पूरी घटना क्रम को कहानियो में कह डालेंगे !

राज भी एक अप्रत्याशित घटना के कारण अपनी मातृभूमि को छोड़कर दिल्ली किस्मत आजमाने के लिए पहुँच चूका था ! विषम परिस्थितियों के जाल में उलझे राज को आशा की एक किरण की तरह मिल गया था धनु फिर से एक बार !

दिल्ली में हुई राज की धनु से दूसरी मुलाकात और उसने मदद की एक और मिसाल कायम कर दी !

राज उत्तर-पूर्वी दिल्ली में अपने आप को व्यवस्थित कर आजीविका प्राप्त करने के बाद अपनी मंजिल की ओर सरपट दौड़ लगाना चाह रहा था ! इसके लिए उसे बस एक छोटी -सी शुरुवात की जरुरत थी !

धनु ने राज को यमुना विहार में एक होम-ट्यूशन दिलवा दिया ! डूबते को तिनके का सहारा नहीं बल्कि पूर्ण सहयोग और समर्थन मिल गया ! इसके साथ -साथ जब धनु ने राज को अखबार का बिस्तर लगाकर सोते हुए देखा तो अपने पास पड़े एक अतिरिक्त तख्त (लकड़ी की चारपाई) भी दिया !

"अनजान शहर और बेगाने लोगो के बिच उस अजनबी ने तब निः स्वार्थ मदद की जब अपने रिश्तेदार भी बस इस फ़िराक में थे कि राज जल्द-से जल्द निराश होकर दिल्ली छोड़ दे! किस्मत के धनी राज को धनु के रूप में एक दोस्त, हमदर्द और बड़ा भाई मिल गया था! जिसने उसे अपनी मंजिल की और अग्रसर होने में मदद की!"

ऐसा सिर्फ उसने राज की लिए ही नहीं की थी वरन जब भी कोई दींन-दुखिया उसके डेरे-वसेरे पर आकर गुहार लगता तो उसे यथोचित मदद जरुर मिलती थी! आस-पड़ोस को लोग और हमउम्र नौजवान तो उसके दीवाने थे! कभी गरीब बच्चों को किताबे बाँट देता तो कभी किसी बुढी माई को खाना खिलाता! शायद दुवाओ में लोग उसे याद कर, उसकी कामयाबी के लिए प्रार्थना कर रहे थे!

धनु उस समय राज के निवास -स्थान से कुछ दूर, यमुना विहार में रहता था, लेकिन 2-3 दिनों में एक बार आकर उसकी खोज -खबर लेना उसके दिनचर्या में शुमार था!

समय के साथ -साथ राज और धनु एक -दुसरे के शुभ-चिन्तक बनते चले गए! और कुछ महीनो बाद धनु भी राज के बगल वाली कॉलोनी में ही आ गया!

राज हमेशा धनु के मददगार प्रवृति का प्रशंसक रहा! गाहे-बगाहे उसने भी मदद की! समय बितता गया और धनु ने भी राज की तरह घर पर ही पढ़ना शुरू कर दिया! अब पहले की तरह होम-ट्यूशन लेना बंद कर दिया! दोनों के कोचिंग सेंटर्स अलग -अलग कॉलोनियो में होने के कारण उनमे किसी भी प्रकार की मतभेद या प्रतिगिता नहीं थी! रिस्ते की मिठास तबतक बनी रही जबतक कान भरने वाले प्राणी दिल्ली नहीं पहुंचे थे!

कान भरने वाले प्राणियो से मतलब उन मित्रो से था जो इस दोनों के बीच सामंजस्य और स्नेह के साथ इनके कामयाबी से जलते थे! निरर्थक तुलना से बेतुकी प्रतियोगिता धनु के मनो-मस्तिष्क में पलने -बढ़ने लगा था! यकिनन यही उसके बेमतलब प्रतिस्पर्धी और हार का कारण बना!

"कान में डाले गए जहर ने भी राज और धनु के आपसी सम्बन्ध और दिनचर्या को शुरू-शुरू में प्रभावित नहीं किया! भविष्य में क्या दुष्परिणाम होगा, यह तो वक़्त के हाथ में था!"

मस्त-मलंग धनु अभी अविवाहित होने के कारण अपने शौक को पूरा करने में कोई कोर-कसर नहीं छोड़ता था! हर रविवार या कभी-कभी ट्यूशन की छुट्टी करने के बाद शुरू होता था शौक पूरा करने का सिलसिला! इसके बारे में जिक्र है -अध्याय 4 में- शौक-ए संगीत और सिनेमा

3

अदभुत प्रतिभाशाली व्यक्तित्व

गणित और भौतिकी शिक्षण की अद्वितीय कला

"शिक्षण ही एक ऐसी कला है, जो अमीरों और दबंगों के साथ-साथ किसी जाति विशेष की बपौती नहीं है ! यह कला तो मेहनत, लगन और संघर्ष से निखरती है !"

धनु ने पीढीयों की दरिद्रता देखी थी और पुरखो की बेवशी को महसूस किया था ! जातीय विषमता के कारण आक्रोश से भरा हुआ था ! वह बचपन से पढ़ने-लिखने में अव्वल था और उसे यह एहसास हो गया था कि सिर्फ बेहतरीन शिक्षा ही उसे समाज में बेहतर जगह बनाने में सहायक हो सकती थी ! इसलिए उसने इंजिनियर (अभियंता) बनने के लिए अपनी शिक्षा पटना में जारी रखी थी !

परन्तु किस्मत को कुछ और ही मंज़ूर था, धनु अभियंता तो नहीं बन सका लेकिन गणित और भौतिकी का शिक्षक बन कर उतर पूर्वी दिल्ली में एक मिसाल कायम कर दी ! दिल्ली में उसके शीर्ष तक की सफ़र के बारे में आगे विस्तार से लिखूंगा !

धनु अद्वितीय प्रतिभा का मालिक था ! दसवी कक्षा उतीर्ण करने के बाद ही उसने अपने से छोटी वर्ग के विद्यार्थियों को पढ़ना शुरू कर दिया था जिससे की अपनी पढाई का खर्च उठा सके ! उसे तब कहाँ पता था की उसकी वह छोटी शुरुवात उसके लिए एक ऐसी सीढी बन जाएगी, जिससे वह शिक्षण क्षेत्र में बड़ा नाम कमा सकेगा !

"गणित का शिक्षक और प्रतियोगी होने के वावजूद मैं धनु के गणित और भौतिकी पढ़ाने की कला से हमेशा प्रभावित रहा ! समझाने और गणित से समस्याओं को हल करने का सरल तरीका बेहतरीन था !"

मै गणित का शिक्षक और उसका प्रतियोगी होने के वावजूद , उसके गणित और भौतिकी पढ़ाने की कला से हमेशा प्रभावित रहा ! सरल से सरलतम तरीके का प्रयोग कर गणित के प्रश्नों को हल करना सिखाने की कला तो मन ही मोह लेती थी ! भौतिकी के संकल्पनाओं को समझकर कक्षा में ही याद करवा देता था ! संख्यात्मक प्रश्न आसान चरणों में बांटकर हल करना , सिखाने की जादुई तकनीक की चर्चा ना हो तो यह उसके प्रतिभा के साथ बेईमानी होगी !

उसकी इसी शिक्षण कला की जादू के दीवने थे उत्तर-पूर्वी दिल्ली के विद्यार्थी ! सबसे महंगा शिक्षक और **मार्क्समैन कोचिंग सेण्टर** का संचालक धनु को कौन नहीं जनता था ?

दिन -दूनी और रात -चौगुनी बढ़ रही थी उसकी सफलता ! चारो ओर बस उसके ही नाम का डंका बज रहा था ! अब धनु शीर्ष के शिक्षको में से एक था ! रुतबा, धन और नाम तीनो उसके गुलाम थे ! विद्यार्थीयों का ताँता लगा रहता था ! धीरे -धीरे **मार्क्समैन एक ब्राण्ड की तरह** उभरने लगा था ! नामाकन के लिए नामी-गिरामी विद्यालयों के छात्र- छात्राये प्रयास करने लगे थे ! जेब खर्च और शिक्षा शुल्क भरने मात्र के लिए पढ़ाने वाला वह साधारण शिक्षक , असाधारण और अद्भूत प्रतिभाशाली व्यक्तित्व के रूप में उभरकर सामने आया था !

संकीर्ण मानसिकता और जातिय विषमता से पीड़ित होने के कारण धनु विद्यार्थियों में भेद-भाव रखता था ! जो उसकी व्यवहार और बातचीत से झलकता रहता था ! यही भेद-भाव का जहर उसकी आजीविका को बुरी तरह प्रभावित किया !

> *"उसने शायद जाति आधारित अछूत होने का दर्द झेला था या उस पीड़ा को समझा था ! तब ही तो ब्राहण, राजपूत , भूमिहार और क्षत्रियो को भर-भर कर कोसता था और उनकी आलोचना करके भी नहीं अघाता था !"*

ना जाने कौन -से जातिय अछूत होने का दर्द धने ने झेला था कि ब्राहण, राजपूत , भूमिहार और क्षत्रिय जाति के लोगो से नफरत करता था ! ना जाने अस्पृश्यता की कौन -सी पीड़ा समझा था कि उंच वर्ग के लोगो की आलोचना करता रहता था ! कभी -कभी तो जज्बातों में बहकर भद्दी भाषायों का भी प्रयोग करने से नहीं चुकता ! उसके इस स्वाभाव की वजह से समाज के संभ्रांत लोग , यहाँ तक की उसके अपने उंच वर्गीय मित्र भी नफरत करने लगे थे !

कालांतर में यही प्रवृति और स्वाभाव ने एक सफल और सम्मानित शिक्षक धनु को तिरस्कार का पात्र बना डाला ! उंच -नीच जाति विशेष की महता की चरचा की बातें आस-पास के अविभावकों तक पहुँचने लगी और परिणाम स्वरुप **मार्क्समैन कोचिंग सेण्टर** का नाम बदनाम होने लगा ! समाज के शिक्षित वर्ग के अविभावक अपने बच्चों को किसी और संस्थान में पढ़ने के लिए भेजने लगे !

सफलता के नशे में ,वह मगरूर यह समझ ही नहीं पाया कि सामजिक तालमेल जिंदगी की गाड़ी को चलाने के लिए अनिवार्य थी ! समाज के हर जाति, धर्म और संप्रदाय की अपनी

महता और भूमिका थी ! ऐसे में एक का सम्मान और दूसरें का अपमान कर कोई कैसे जीत सकता था ? इस गलती का दण्ड तो तय होना ही था !

महता और भूमिका थी ! ऐसे में एक का सम्मान और दूसरें का अपमान कर कोई कैसे जीत सकता था ? इस गलती का दण्ड तो तय होना ही था !

4

शौक-ए संगीत और सिनेमा

"जीवन की आप-धापी में परेशानियां, मजबूरियां और अतित के दर्द हावी न हो जाए, इसके लिए ऐसे शौक भी जरुरी है! जिससे की इन्सान सब कुछ भुलाकर हँसता-खिलखिला रहे और जिंदगी की सफ़र को बदस्तूर जारी रख सके..."

कहते है ना की अपने शौक जी भर कर पूरे करलो, जिंदगी तो खुद-बखुद गुजर जाएगी !

धनु व्यस्त दिनचर्या के वावजूद शुक्रवार को प्रदर्शित (रिलीज़) होने वाली नई फिल्मों को देखने का शौकीन था ! गर फिल्म सनी देओल की हो तो फिर क्या दुःख, दर्द और दुनिया जाए भाड़ में ! हर शुक्रवार की रात्रि 9 से 12 की शो (प्रदर्शन) में भारी भीड़-भाड़ के वावजूद टिकट खरीदना और फिल्म का आनन्द उठाना ; उसकी जिंदगी का अभिन्न और नितान्त आवश्यक काम था !

आज भी उसके **शौक-ए संगीत और सिनेमा की याद** आते ही उन ख़ूबसूरत पलों की यादें आँखों के सामने किसी चलचित्र की भांति चलने लगती है और मन रोमांचित हो उठता है ! बेपरवाह और मस्त-मलंग धनु सिर्फ फिल्मों को देखने के लिए नहीं जाता था ! वह तो संवाद इकठ्ठे करता था ; जिससे की वह अपनी कहानियों में, अपनी भाषा में लिख सके और कहानी को दमदार, रोचक और पठनीय बना सके !

पुरानी फ़िल्मी गानों से तो अजीब इश्क था उसको ! " यूं लगने लगी आज कल जिंदगानी **दिल बन गयी दर्द की राजधानी** " यह कर्णप्रिय मधुर गीत उसके पसंदीदा गीतों में से एक था ! फुर्सत के पलों में कहानी या कविता लिखते हुए वो इसी तरह के पुरानी गीतों को सुना करता था ! उनदिनों में उससे मिलकर कभी ऐसा लगा ही नहीं की एक दिन ऐसा भी उसकी जिंदगी आयेगा जब वह प्रेम में बीमार होगा या आजीविका चलाने में असफल होकर हताश हो जायेगा !

फिल्म देखकर सिनेमा-हॉल से बाहर आते ही कौतुहल भरे सवालो की तो झड़ी ही लगा देता था ! ऐसा लगता हो मनो उसने ही कहानी की स्क्रिप्ट लिखी थी ! कहानी का कोई हिस्सा अगर नजर अंदाज़ हो गया हो तो उसे भी याद दिला देने की कलाकारी भी अजीब थी ! फिल्म देखकर घर लौटने के बाद पार्टी का आयोजन न हो ! ऐसा तो कभी हुआ ही नहीं !

"मांसाहारी व्यंजनों का शौक़ीन था वो ! चाहे नज़दीक के होटल का खाना हो या घर पर बनाया जाए ; यह योजना सिनेमा देखने जाने से पहले ही बना ली जाती थी ! ..."

मांसाहारी व्यंजनों का शौक़ीन था वो ! चाहे नज़दीक के होटल का खाना हो या घर पर बनाया जाए ; यह योजना सिनेमा देखने जाने से पहले ही बना ली जाती थी ! मनमौजी कहो या शौक़ीन , खाने -पीने में, ना कभी समझौता करता था ना कभी खर्च का परवाह !उसने कभी भी राज या किसी दुसरे मित्र को खर्च साझा करने के लिए बाध्य नहीं किया ! शायद यह उसके संस्कार में नहीं था ! शौक पूरा करने में कभी कोई कोताही नहीं की ! शायद जिंदगी उसे आने वाले तूफ़ान से पहले ही जी लेना था !

5

लेखन-कला से प्रेम सफ़र

भावनाओ को कागज पर उकेरकर दिल में जगह बनाने का जादू

"कभी-कभी लिखते समय ऐसा पल भी आता है, जब लेखक और लेखनी दोनों ही असमन्जस में होते है! क्या लिखे?

कहाँ से शुरू करें?

ऐसी अवस्था तो और भी गंभीर रूप धारण कर लेती है, जब किसी कलम और शब्दों के जादूगर के बारे में लिखना पड़े..."

भावनाओ को कागज पर उकेरकर दिल में जगह बनाने का जादू तो लेखनी के उस जादूगर में ही हो सकती थी, जिसे शब्दों की मोती पिरोकर, वाक्यों का मधुर जाल बुनना आता हो! मै तो कायल था धनु के लेखन कला से! उसकी पहली रचना जो "पत्रिका" में छपी थी! कहानी के एक-एक वाक्या मनो-मस्तिष्क में एक जगह बनाये रखने को आतुर थे! बेरोजगारी और सामजिक कुरीतियों का सार वह कहानी एक सामजिक व्यंग्य था!

आज धनु यदि इस कहानी का लेखक होता तो शायद भाषा-शैली कुछ और ही मोहक और बेहतरीन होती! खैर मेरे सिखने की प्रयास शायद कुछ हद तक बांधे रखे और कहानी की मूलभाव स्पष्ट हो! हिंदी साहित्य पढना और लिखना उसकी दिनचर्या का अंश था! जब भी वो फुर्सत में होता, कुछ न कुछ लिखता रहता था!

अपनी रचनाओ को प्रकाशित करवाने के लिए प्रकाशको को भेजता ही रहता था! कभी हंस के कार्यालय तो कभी अखबार के संपादक के नाम पत्र! कोई रचना जब किसी पत्रिका में प्रकाशित होती तो बड़े चाव से स्वयं पढ़ता और गर्व से आगन्तुक मित्रो को दिखता! अपने विद्यार्थियों के सामने भी शेखी बघारने से बिल्कुल नहीं चुकता था!

रचानओ को पत्रिका में प्रकाशित करवाने की चाह में ही तो पहुंचा था एक लोकल प्रकाशक के कार्यालय में और वही उसकी चाह, किसी की चाहत में बदल गयी!

उसी कार्यालय में पहली झलक मिली थी उसे सुनीता की ! लेखन कला से शुरू हो गया प्रेम सफ़र! एक के पास लिखने की कला थी तो दूसरे के पास उसे परखने की क्षमता ! जैसे -जैसे रचनाये प्रकाशित होती गयी , लेखक और संपादिका के बीच प्रेम का बीज प्रस्फुटित होकर नव पादप का रूप लेने लगा ! वह दिन भी आ गया जब आँखों से प्यास नहीं बूझी तो चिठ्ठियों का अदान-प्रदान शुरू हो गया !

6

प्रेम-विवाह की लालसा

प्रेमिका से विवाह की चाहत

"भले ही वो दुनिया के लिए गुलाब रही हो ; उसने तो उसे गुड़हल और गेंदे की फूल की भांति दिल की गहराइयों से प्रेम किया था ! मस्जिद की अज़ान और मंदिर की धूप-आरती से भी बढकर उससे लगन लगाई थी ! कल्पनाओ का ताना-बना बुनकर एक छोटे से घरोंदे की ख्वाब सजाई थी जहाँ सिर्फ दो प्रेमी-जोड़ो का ही अपना संसार हो .."

धनु के कोरे मन की बंज़र धरती पर, सुनीता बसंती गुलाब की तरह खिलने वाली थी , जहाँ धनु ने उसके प्रेम भरी यादों , ख्वाबों और प्रणय के कलश धरे थे !

चिठ्ठियों की अदला-बदली का सिलसिला चलता रहा और दोनों प्रेमी-जोड़ो ने प्रेमविवाह करने का वादा किया ! प्रेम विवाह की लालसा में सुनीता और धनु छिप-छिप कर मिलने लगे ! परन्तु कुछ पल का मिलन उनके लिए काफी नहीं था ! उन्हें तो अपनी दिल की बातो को धड़कन में सुनानी थी ! तड़प के तराने घंटों गुनगुनाने थे ! ऐसे में एक मात्र जरिया थी चिठ्ठी ! बड़ी-बड़ी चिठ्ठी , जो एक -एक कहानी बन सकती थी !

कभी मौका मिला तो सिमट आये एक -दूसरे की बांहों में और घंटो बातें करते रहे ! उनका एक -दूसरे से मिल जाना किसी होली दिवाली से कम नहीं होता था !

7

एक प्रेमपत्र की अदला-बदली

प्रेम-पत्र के माध्यम से दिलो की दूरियां मिटने की कोशिश

> *"चिठ्ठियों का भी एक जमाना था जब एक रोमांच था , धड़कते दिलो की तड़प का प्रमाण था और जबाब के इंतज़ार बेचैनी थी ! पल भर में दिल की बातों को ना जान पाने की वेवाशी भी थी ! वो खुशनूमा एहसास आज आधुनिकता के दौड़ और सोशल मीडिया के दखल में कैसे संभव है ? ..."*

प्रेम-पत्र के माध्यम से दिलो की दूरिया मिटाने की कोशिश का , एक अपना सुनहरा और अतुलनीय जमाना था ! धनु जैसे नायक अपनी नायिका को लुभाने और दिल की भावनाओ को जताने के लिए प्रेमपाती का सहारा लेते थे !

मैं उन दिनों को कैसे भूल सकता था जब **एक प्रेमपत्र की अदला-बदली** के खातिर कितने सितम उठाने पड़े थे ! गाँव के बड़े-बूढ़ों से पिटते-पिटते बचे थे ! ऑस्ट्रेलियाई कंगारू की तरह कुलांचे भर कर सड़क पर पहुंचे और बन्दर की तरह गुलाटी मारकर थ्री-व्हीलर में बैठकर भाग खड़े हुए थे !

सांस में साँस तो तब आयी जब 2-3 किलोमीटर दूर पहुंचकर शीतल-पेय (कोल्ड-ड्रिंक) की दो घूँट ली ! धड़कने तेज थी और सांसे गर्म , परन्तु धनु के आँखों में चमक थी , चिठ्ठियों की अदला -बदली जो हो गयी थी !

> *"वह प्रेम-कथा , जिसमे प्रेमी अपनी प्रेयसी से मिलने मात्र के लिए गर लुकाछिपी का खेल ना खेला हो तो उसमे प्रणय ,प्रलाप और रोमांच की कल्पना भी कैसे की जा सकती है ...*

मैं तो वक़्त की तरह उसके जीवन की प्रेमलीला का गवाह हूँ ! किस प्रकार धनु अपनी प्रेमिका संगीता से मिलने और प्रेम-पत्र की अदला-बदली के लिए कई किलोमीटर दूर पैदल ही तपती दोपहरी में पहूँच जाता था !"

प्रेम-पत्र धनु और संगीत के बिच रूमानी प्रलाप का सरल साधन था ! नियत समय पर , चाहे लू हो या मौसम वर्षानी , चाहे झर-झर बरसे पानी ; चिठ्ठियों को एक -दूसरे तक पहूँचाना किसी नागो से भरे हुए अंध-कूप से मेंढक पकड़ने के समान था ! किसी अनजान की नज़र पडी तो कईयो थप्पर -लात और घुसंड तय थे ! प्रेम ज्वर की वेवसी में कुछ सुझाता कहाँ ?

संगीता एक निजी विद्यालय में शिक्षिका थी और इसके साथ-साथ अपने पिता द्वारा सम्पादित पत्रिका में लिखती भी थी ! पहली नजर और बातचीत की मासूम अदा पर ही तो कहानी का नायक फ़िदा हो गया था ! आँखों ही आँखों और बातो ही बातो में प्यार का परवान कब चढ़ा और कब खुमार में तब्दील हो गया , किसी को कानो -कान भनक नहीं लगी !

प्रेम-प्रसंगों से भरी चिठ्ठियों का ढेर लग गया ! रूमानी बातें, भविष्य के सपने और वादाओ का तो ताता टूटने का नाम ही नहीं ले रहा था ! कभी अकेले में एक भी चिठ्ठी पढ़ लो तो लगता था की अब किसी न किसी से जरूर प्यार हो जायेगा ! कभी -कभी तो धड़कने तेज होने लगती , सांसे गर्म हो जाती तो कभी पलके अपने आप नाम ! कमाल के प्रेम पत्र लिखते थे दोनों प्रेमी ! यह दोनों के लेखन कला का प्रदर्शन भी तो था !

एक-दुसरे से कभी जुदा नहीं होने की सपथ लेने वाली संगीता का अचानक विवाह तय हो गया ! धनु की माँ का स्वर्गवास हो गया था और वह गाँव चला गया था , इसलिए वो इस घटना से अनजान था ! दिल्ली आने के बाद , जब उसे संगीता की सगाई का पता चला तो उसके आँखों के सामने अँधेरा छा गया ! शायद उसे लगा की उम्मीदों का सितारा टूटता नहीं बल्कि तोड दिया गया था !

आज वह निरीह , मानो अनुनय कर रहा था कि कोई तो पूछे सुनीता से कहां और कब विसर्जीत कर आयी थी उन सभी कलशो को जिनमे धनु ने प्रेम-अनुबंधों , सुनहरी यादें ,तन्हाई की तड़प और मिलन की आश सजोकर रखे थे !

पर पूछे भी तो कौन?

आखिर एक दिन संगीता की आखिरी चिठ्ठी मिली , जो प्रेमपत्र के वजय एक माफीनामा थी ! धनु को लिखी थी कि उसके जाने के बाद चिठ्ठियों की पोटली , सफाई के दौरान उसकी माँ को मिल गयी थी ! फिर क्या कलह और बद्दुआओं की एक भयंकर तूफान ने सारे , वादे , इरादे और हौसले रौंद दिए !

"अपने जनको की मान-सम्मान और अनुनय-विनय के आगे झुक गयी थी वो ! कुर्बान कर दी थी उसने अपने ख्वाब और अरमान ! बेजान संगीता ने किसी और को अपना जिस्म सौंप देने को परम्परा और संस्कृति का नाम देकर, माता-पिता को हाँ कर दी थी !"

आँखों के सामने से कल्पनाओ और सपनो का पर्दा हट गया था , और हकीक़त से सामना हुआ , जिसको धनु सह न सका ! बहुत ही कम समय में उसने सुखद कल्पनाओ के प्रभात से हकीक़त की साँझ तक का सफ़र तय कर लिया था!

8

हार से हताश

"सफलता की शिखर से नीचे गिरने पर मानव मन बेचैन और व्यथित होकर असमंजस से भर जाता है! ऐसा सिर्फ इसलिए होता है कि अपने भी तसल्ली ना देकर, तिरस्कार आरम्भ कर देते है! फिर शुरू होती है, तनावभरी दुखद जिंदगी और बचने का प्रयास! इन्ही प्रयासों में लोग नशे का सहारा लेकर ,कुछ पल सभी यादों को भुलाकर सुकून चाहते है! पर मिलता कहाँ है ,चैन और सुकून? "

एक तरफ प्यार में हार और दूसरी तरफ शिक्षण क्षेत्र में असफलताओं ने धनु को तोड़कर रख दिया था ! हार से पनपती हताशा ने धीरे -धीरे उसे अपने ज़द में लेना आरम्भ कर दिया था !

आइए जानते है कि धनुकैसे प्यार और आजीविका में असफलता से हताश हुआ ?

धनु ,संगीता से टूटकर प्यार करता था ! ना जाने कितने ख्वाब सजाए थे उसने अपनी भविष्य के साथी के लिए ! लेकिन यहाँ अमीरी-गरीबी की सामाजिक विषमता ने दो प्रेमी जोड़ो के दिल के तार को मरोड़ कर भंग कर दिया ! प्रेयसी से दूरी के कारण जो तड़प उसमे पैदा हुई थी उसे महसूस तो सिर्फ विरले और प्यार में हारे प्रेमी ही कर सकते थे ! काजल की एक झलक पाने मात्र के लिए न जाने कौन -कौन से जुगत लगाता रहता था !

ऐसे में संगीता को ना पाकर वह टूट-सा गया था ! समय से ना उठता , नाही खाना बनाता ! मजनूँ -सी हालत होने लगी थी ! अब तो सजाने-सवरने से भी कतराने लगा था ! नहीं रही थी वो बात , जब सब कुछ दिल खोलकर बताता था ! चिट्ठीयो की अदला-बदली के समय का इंतज़ार और जल्दी पहुँच जाने की तड़प भी नहीं थी !

मानो उसने संगीता के विरह में अपने अस्तित्व को मिटा देने की कसम खा ली हो ! कभी बहार निकालता , कभी घर के रसोई में मौन खड़ा रहता , कभी छत पर जाकर कुछ खोजने की कोशिश करता और कभी कोरे पन्ने पर कुछ लिखने लगता ! उसकी तड़प और बेचैनी को कागज के पन्नो पर उकेरना या शब्दों में व्यक्त करना मुश्किल ही नहीं बल्कि नामुमकिन

था !

कई दिनों तक लिखता रहा था वह अपना आखिरी प्रेमपत्र ! शब्दों को प्रेम , दर्द और पीड़ा की रस में भीगोकर ; अपनी भावनाओ को खुलकर लिख दिया था ! जो भी उस पत्र को पढ़ता एक बार उसकी भी पलकें भीग जाती और उसकी विरह-वेदना को महसूस करता !

"प्रेम तो सभी करते है , लेकिन कुछ प्रेम अमर ही जाते है ! कुछ प्रेम खेत-खलिहानों या गाँव के चौहद्दी में ही दफ़न हो जाते है ! मै धनु के पवित्र-प्रेम का साक्षी हूँ ! एक ऐसा प्रेम जिसमे प्रेमी अपना सर्वस्व अपनी प्रेमिका की अदनी-सी मुस्कराहट के लिए लूटा देने को तत्पर है ! फिर भी शहरी छोरी उसके प्रेम की डोरी को तोड़कर कही दूर निकल जाती है; किसी अजनबी के बाँहों में सिमटकर नया आशियाना बनाने के लिए ! "

संगीता के बालों की, उसके गालो की , भीनी-भीनी खुशबू और संपादन कला को प्रशंसा करते नहीं थकने वाला धनु , आज शुन्य में विलीन होता जा रहा था ! ऐसे में इस दर्द की दावा क्या हो सकता था ?

हर शाम कुछ मुफ्तखोर , चापलूस और मतलब प्रस्त सलाहकर , समय से पहुंचकर दारू-चखना आदि की बन्दोबस्त करते ! या बात अलग थी कि सारे खर्च धनु की मेहनत की कमाई से पूरी की जाती थी ! दो -तीन पैग तो दिनचर्या बन गया था!

धनु का मन पहले की तरह पढ़ाने में नहीं लगता ! संस्थान को शीर्ष पर बनाये रखने की लगन और जूनून धीरे-धीरे मंद पड़ने लगा था ! मार्क्समैन का नाम भी नए विद्यार्थी उपेक्षित करने लगे थे ! सफलता का जादू टूटने लगा था ! हताशा बढती गयी, ऊर्जावान धनु सिथिल पड़ता गया और मार्क्समैन कोचिंग सेंटर बंद हो गया !

मुफ्तखोरो की चांदी हो गयी और पहले से ज्यादा पीने-खाने की व्यवस्था हो गयी ! अब धनु के गम को भुलाने के लिए दिन में कई बार दारू-मुर्गा और नई नई सलाहों का दौर चलता ! खर्च बढ़ता गया और आय कम होती गयी ! दरिद्रता और बेवशी फैलती चली गयी ! गम भुलाने के लिए शराब पीने की आदत ना जाने कब एक बुरी लत में तब्दील हो गयी !

कहने को तो दो तरफ़ा हार के कारण उसने ले लिया उसने नशे का सहारा !

9

विवाह प्रस्ताव

गाँव में हो गई शादी

"कुदरत प्रत्येक व्यक्ति को संभलने का एक मौका जरुर देती है ! ऐसा ही एक मौका कहानी के नायक को भी मिला , जिससे कि वह अपनी समस्याओ की चक्रव्यूह से बाहर निकल कर इतिहास बना सकता था, परन्तु ऐसा हुआ नहीं "
...

किस्मत ने पलटी मारी और धनु के गाँव से उसके लिए विवाह का प्रस्ताव आ गया ! इस विवाह प्रस्ताव के लिए सहमती देने से धनु की जिंदगी नया मोड़ ले सकती थी ! फिर क्या राज को जैसे पता चला , उसने समझाने और मनाने की कोशिश की !

राज से विचार -विमर्श और परामर्श के बाद आशा की एक किरण दिखी और धनु ने शादी के लिए हां कर दी ! दिल्ली से अपने गाँव के लिए निकल पड़ा ! कुछ दिनों के लिए मुफ्तखोरो और चापलूसों की गिरफ्त से बाहर निकला और सही समय पर सही निर्णय लेने में कामयाब हो गया !

लड़की के पिता सरकारी नौकरी से सेवानिवृत हुए थे ! अपनी बिटिया की शादी जल्द से जल्द करना चाहते थे और दहेज़ आदि भी देकर बिटिया का घर बसाना चाहते थे ! शादी के एक महीने बाद ही अपनी पत्नी के साथ दिल्ली आया और मार्क्समैन कोचिंग सेण्टर को नए सिरे और योजना के साथ शुरू किया !

दहेज़ में मिले रुपये और गहने को बेचकर विज्ञापन देना और लोकल विद्यालयों के चपरासियो और शिक्षको को दलाली देकर नए विद्यार्थियों को संस्थान से जोड़ने का अनवरत प्रयास करने लगा ! फिर वही जूनून और कुछ कर गुजरने की तत्परता दिखने लगी !

"अतित कभी पीछा नहीं छोड़ता ! आपके कर्म, कुकर्म, आचार-व्यवहार आदि का प्रतिफल चक्रवृद्धि ब्याज के रूप में जरूर मिलता है ! चाहे आप जितने भी नाम बदले या जगह, फल तो भुगतना ही पड़ेगा ! ..."

धनु के अतित ने इस बार उसका पीछा नहीं छोड़ा और उसे जमीन पर पटकनी देने में कोई कसार नहीं छोड़ी ! एक बार नाम ख़राब हो जाने की वजह से नाही अच्छे विद्यार्थी उससे जुड़े ; नाही अच्छे अविभावक ! हालात से परेशान होकर धनु ने भजनपुरा, पुरानी कर्मभूमि को छोड़ने का निर्णय लिया !

कोचिंग का नया नाम, नया जगह, यमुना विहार और एक नई ऊर्जा के साथ जिंदगी और आजीविका की शुरुवात की ! कुछ दिनों तक सब कुछ ठीक रहा और ऐसा प्रतीत होने लगा की एक बार फिर से मुरझाया हुआ पेड़ हरे पत्तो और नए पुष्प की तरह खिल उठेगा ! एक नई सुबाह के साथ, एक नई सुनहरी कहानी लिखेगा !

पर यह क्या ?

कोचिंग संस्थान में साझेदार ही प्रतियोगी और छिपा हुआ शत्रु निकला ! पहले अनबन, फिर नोक-झोक और बाद में मन-मुटाव इतनी बढ़ गयी की दोनों पुलिस थाने तक पहुँच गए ! जैसे-तैसे किसी मित्र की मध्यस्थता से बात बनी और पुन; जगह बदलनी पड़ी ! कहानी और बदनामी पेट्रोल की भांति पुरे क्षेत्र में फ़ैल गयी और हो गया **शीर्ष से शुन्य की ओर सफ़र आरम्भ** !

अब परिवार और बच्चे भी उसके अतित की गलतियों का भुगतान कर रहे थे ! आर्थिक तंगी और दरिद्रता पैर पसार रही थी ! कमरे का किराया देना भी भरी पड रहा था ! दो जून की रोटी का जुगाड़ भी भगवान भरोसे चलने लगा था ! कल का बादशाह अब फकीरी में जीवन बसर करने को मजबूर था !

तीसरी बार नए इलाके, जनता फ्लैट्स में .एक शिक्षिका के साथ साझेदारी में कोचिंग खोला ! अपने स्वाभाव और बातचीत की शैली में बदलाव नहीं कर पाया ! जाति विशेष पर टिका-टिपण्णी करना नहीं छोड़ा ! यहाँ तक की सोशल मीडिया (फेसबुक) पर हिन्दू धर्म के देवी-देवताओ के बारे में अभद्र टिप्पणियाँ करने लगा !

कुंठित मानसिकता की वजह से दिन-प्रतिदिन लोगो के नज़रो में धनु की छवि ख़राब होने लगी ! इस बार भी कोचिंग ज्यादा दिन नहीं चला ! और वह घर-घर घूमकर ट्यूशन पढ़ाने को मजबूर हो गया ! सामाजिक स्तर गिरने लगा और शीर्ष का सफल शिक्षक फिर से एक मामूली मजदूर बन गया !

"हिन्दू देवी-देवताओ के विषय में फेसबुक पर अभद्र टिका-टिपण्णी के कारण, किसी हिंदू संसथान ने उसके खिलाफ मुक़दमा दायर कर दिया ! अब रोजी-रोटी, शाम का शराब और दैनिक खर्चे की बंदोबस्त के साथ-साथ पुलिस से बचाव के लिए इधर-उधर भटने लगा !"

विपरीत हालात में ही एक दिन पुलिस के हथ्थे भी चढ़ गया ! धन्य हो राज और उस अजनबी मददगार की जिसने जैसे -तैसे इसको बचाया ! वरना जेल में कही चक्कियां पिस रहा होता या हिन्दू संस्थान के समर्थक के आक्रोश का शिकार हो गया होता !

खैर शायद कुदरत की कहर से उबर नहीं पाने की वजह से विचलित था !

थक-सा गया था वह , सामजिक, जातिय और आर्थिक विषमता से लड़ते-लड़ते ! उसे तो बस तनिक ठहराव की चाहत थी ! उसके लिए जिंदगी की तपती -सुलगती धूप की जलन से मुक्ति के खातिर , सुकून की छाँव के कुछ पल भी बेहिसाब थे, पर निर्दयी किस्मत ! हार -हार कर निराश हो जाना उसकी दिनचर्या बन गयी था ! रात भर जग कर अपने आप को कोसना उसकी फितरत और शराब की चाँद घूँट के लिए झूठ बोलना उसकी आदत बन गयी थी!

कुदरत का दिया हुआ दूसरा मौका उसके लिए कोई चौका नहीं मार पाया ! उलटे उसे एक अँधेरी खाई में गिरने को मजबूर कर दिया ; जहाँ गिरकर भी उसे सुकून नहीं मिलने वाली थी ! ऐसे में शराब की चन्द घूँट उसे कुछ घंटो के लिए अपने आगोश में लेकर शायद कुछ आराम पहुँचाने लगी थी ! नशा उतरते ही फिर से नशे के आगोश में सिमट जाने को तत्पर रहता था !

तभी तो शराब का सहारा उसे अपनों से भी प्यारा लगने लगा था !

10

और वो शीशी में कैद हो गया

"कहने को तो वह बेवडा , सुबह से शाम तक पौव्वा के जुगत-जुगाड़ में काल्पनिक कहानियो का ताना-बाना बुनकर ; कभी मित्रो, कभी रिश्तेदारों और कभी मददगारो की चुगली कर अपनी श्रेष्ठता साबित का असफल प्रयास करता रहता था ! पर वास्तव में वह अपने हार से हताश अपने मन की बेचैनी और दरिद्रता वश पनपी गृह-क्लेश को छिपाने का निर्थक प्रयास करता था .....

कल का अति-स्वाभिमानी धनु आज पौव्वा के जुगत-जुगाड़ में कभी अपने विद्यार्थियो , कभी पड़ोस की दुकान तो कभी अरसो बाद मिले मित्र से 100-200 रुपये मांगने में बिल्कुल ही संकोच नहीं करता था ! हर शख्स को संदेह की दृष्टी से देखना अब उसकी फितरत बन गयी थी ! एक जगह तो टीक ही नहीं पाता था !

बंदरो की तरह समान इधर से उधर और फिर उधर से इधर करना उसे सुकून देता था और उसे अपने आप में व्यस्त कर दर्द छिपाने में मदद ! नशे का सहारा लेते -लेते उसकी यह हालात थी कि किसी को भी नीचा दिखने के लिए पल भर में नई कहानी गढ़ लेता था ! शराब पिलाने वाला तो उसके लिए भगवान था इसके लिए चाहे जो कुकर्म करना पड़े !

शराब की व्यवस्था के अतिरिक्त उसे कुछ और होश नहीं रहता ! बच्चे भूखे , बीमार थे या घर में अनाज था या नहीं ! राजकुमार और राजकुमारी की तरह दिखने वाले बच्चे दीनहीन और उदास दिखने लगे थे ! एक बार को तो कोई क्रूर ,निर्दयी कातिल भी उनकी हालत को देखकर सहम जाता लेकिन इस बेबडे ने तो हद कर दी थी !

क्या धनु स्वार्थी हो गया था या कोई अंदरूनी पीड़ा उसे दीमक की तरह खोखला कर रही थी ?

शीशी में कैद होकर मजबूर था या दर्द छिपाने की कोशिस कर रहा था ?

उसके कर्मो का फल था या कुंठित मानसिकता का दण्ड ?

इनके जबाब तो उसके ही ज़हन में कैद था ; जिसकी तलाश में राज का योगदान जरुरी था !

"इस बार राज धनु का मददगार बनके सामने आया ! एक होम-ट्यूशन दिलवाया जिससे की उसके कमरे के किराये का भुगतान समय पर हो सके! फिर कोचिंग सेंटर में साझेदार बनवाया ताकि आर्थिक तंगी से मुक्त होकर अपने बच्चो और परिवार की परवरिश कर सके!"

लगभग नौ वर्षा के बाद धनु ने राज को फ़ोन कर 5000 रुपये की मदद मांगी थी , जिससे की उसके कमरे का किराया दिया जा सके ! राज ने उसका एहसान चुकाया ! उसकी मदद की ! और उसके घर मिलने भी गया !

परन्तु यह क्या ?

घर जो कभी सुविधाओ से भरा हुआ था आज चारो-तरफ मनहूसियत थी और दरिद्रता आंख फाडे घूर-सी रही थी ! पहली दृष्टि में तो विश्वास ही नहीं हुआ कि क्या यह धनु का ही निवास- स्थान है ?

राज का मन व्यथित था परन्तु तत्क्षण कुछ भी पूछ लेना उसके संस्कार में नहीं था ! ऐसे में कुछ पल बिताने की जरुरत थी धनु के साथ !

क्रोध की अग्नि में जल रहे राज मन ही मन सोचा रहा था कि खरी-खोटी सुनाये और बोल दे कि "रूह काँप गयी , संभल जाओ , ऐ बेवडे ! कही एक दिन तुम्हारा बेजुबान साथी अपने कंधे पर तुम्हारा ज़नाजा उठाकर , अपनी ख्वाहिशो को जलाते हुए अफ़सोस करे की नशे की लत से शीशी मैं कैद, तुम्हारी रिहाई कुछ ऐसे हुई !

लेकिन राज ने कुछ नहीं बोला क्योंकि धनु के 9 साल के बीते दिनों की आपबीती जो जाननी और समझनी थी ! यह भी तो दुनिया के लिए खोजना था की कैसे शिखर तक का सफ़र तय करने वाला प्रतिभाशाली व्यक्ति आज दो कौड़ी का तिरस्कृत बेवडा बन गया था !

"जीवन के कई राज ऐसे होते है जिन्हें हम चाहकर भी किसी से साझा नहीं कर पाते ! शायद ऐसा ही कुछ उसके भी साथ रहा हो ! तमाम प्रयासों और मदद के बाद भी शीशी के कैद से आज़ाद नहीं हो पाया !"

राज ने अथक प्रयास किया ! धनु की जिंदगी को एक बार फिर से पटरी पर लाने की हर मुमकिन जुगत किया , पर नियति के आगे किसकी चली है ! तमाम प्रयासों और मदद के बाद भी राज धनु को शीशी के कैद से आज़ाद नहीं करवा पाया ! यह मलाल ताउम्र रहेगा !

11

आपकी राय

कही ना कही मन की कसक आपकी राय से मिटती है

"विचारो अभिव्यक्ति की ललक तो सब में होती है , परन्तु उसे समक्ष लाने की कला विरले ही पाई जाती है! विचार अपनी-अपनी समझ के अनुसार अद्वितीय होते है , फर्क बस इतना होता है किसी की सराहना होती है तो किसी की निंदा .."

कही ना कही मन की कसक पाठको की राय से मिटती है ; जो कहानी या किताब लेखन के लिए अपने टिका-टिप्पणियों से मनोबल बढाकर पुरस्कृत करते है ! आपकी अमूल्य राय , आपकी समझ, भाषा पर पकड़ और विचार ऐसी धरोहर है जो भीड़ में आपकी एक अलग पहचान बनाने में सहायक होती है ! सकारात्मक विचार सिर्फ आपकी सच्चाई ही नहीं वरन आपके अच्छे इन्सान होने की प्रमाण प्रस्तुत करती है !

कई बार सर्वश्रेष्ठ लेखन की वहम से अहम् भर जाता है और अहंकारवश लेखक टिका-टिप्पणीयों का जबाब गलत तरीके से देने लगते है ! परन्तु पाठक आस्वस्थ रहे और खुलकर अपने विचार प्रकट करें ! क्योंकि मुझे ज्ञात है कि यदि आप अहंकारी है तो बर्बाद होने के लिए किसी और दुश्मन की कोई जरुरत नहीं है !

आपकी राय और विचार "और वो शीशी में कैद हो गया " पुस्तक की कहानी और शिक्षा पर ही आधारित होनी चाहिए !

आपकी आलोचना , आपकी सलाह और पीठ पर हल्की-फुल्की थपकी भी अगले पुस्तक की रचना के लिए पर्याप्त खुराक होगी !

मै आशा करता हूँ कि यह पुस्तक "और वो शीशी में कैद हो गया " आनेवाली पीढी और और पाठको को सही दिशा प्रदान करेगी ! जिससे की सफलता की भटकन और असफलता की अटकन उन्हें अपने मुकम्मल जिंदगी जीने में अड़चन पैदा नहीं कर पायेगी !

"प्रेमकथा और प्रेम लीला के नाम पर अश्लील भाषा और काल्पनिक रोमांस का प्रयोग नहीं कर पाने के लिए आपसे क्षमा प्रार्थी हूँ! यह कहानी सिर्फ सुनाने के लिए या चन्द रुपये कमाने के लिए नहीं लिखी गयी है! यह एक प्रयास है नशा जनित समस्याओं और उसके दुष्परिणामों को खुलकर सामने लाने की!"

"प्रेमकथा और प्रेम लीला के नाम पर अश्लील भाषा और काल्पनिक रोमांस का प्रयोग नहीं कर पाने के लिए आपसे क्षमा प्रार्थी हूँ! यह कहानी सिर्फ सुनाने के लिए या चन्द रुपये कमाने के लिए नहीं लिखी गयी है! यह एक प्रयास है नशा जनित समस्याओं और उसके दुष्परिणामों को खुलकर सामने लाने की!"

12

राजेश कुमार गिरि - एक परिचय

कहने को तो राजेश कुमार गिरि एक गणित के जाने-माने शिक्षक और कोच है लेकिन लिखने और अपने विचारों को प्रसाद की तरह बांटने की प्रवृति शुरू से ही रही है ! राजेश कोई कवि , कहानीकार या साहित्यकार नहीं है, परन्तु अपनी जिंदगी की सच्चाईयों से उन सभी युवाओ का मार्गदर्शन करना चाहते है जिनके अपने सपने है ! जिन्हें पूरा किया जा सकता है, दूसरों की गलतियों से सीखकर !

राजेश वर्षों से अंग्रेजी भाषा में आलेख लिखते रहे है ! परन्तु अब वे अपनी मातृभाषा के लिए जीवन अर्पित करने का फैसला किया है !

"और वो शीशी में कैद हो गया " ही इसी प्रयास के कड़ी की दूसरी पुस्तक है !

हिंदी भाषा और साहित्य भारतवर्ष की अतुलनीय धरोहर है जिसे एक दिन या वर्ष में कतई नहीं सीख सकते ! लेखन कला तो बिल्कुल ही नहीं ! पाठकों की खरी-खोटी , सुधार की शिक्षा और पीठ पर थपकी और सीखने और लिखने को प्रेरित करेगी !

वैसे तो राजेश कुमार गिरि , आज किसी परिचय के मोहताज़ नहीं है ! गूगल सर्च में नाम डालने मात्र से कुंडली निकल आती है !

फिर भी थोडी जानकारी यहाँ भी उपलब्ध है :-

दरिद्रता के दामन से निकलकर अशिक्षित परिवेश के कीचड़ में कमल की तरह खिलकर अपनी मेहनत और पिता के लाढ-प्यार से नई कीर्तिमान को बनाने के लिए आतुर राजेश , बचपन से ही कुछ कर दिखाने की जज्बे के साथ पल-बढ़ रहा थे ! राजधानी दिल्ली में उन्हें कुछ कर दिखाने का अवसर मिल गया ! फिर क्या वह लिखने लगे संघर्ष से भरी हुई सफलता की कहानी ! पर सब कुछ इतना आसान नहीं

था !

संघर्ष की पूरी कहानी पढ़े - सर्दी की वो मनहूस रात

राजेश का कार्य-क्षेत्र

- निदेशक- RADII An Academy Of Toppers
- यूनिकॉर्न फौन्डिंग मेम्बर - Safe.Zone
- को-फाउंडर - We Share Success
- अध्यक्ष- Arya Prime Trends
- व्याख्याता - Mathematics

13

राजेश की पुस्तके ..

सर्दी को वो मनहूस रात

यह क्या आपको यह नहीं लगता है कि प्रत्येक व्यक्ति की जिंदगी एक बेमिशाल और पठनीय कहानी है और हर कहानी में किरदारों की अद्वितीय जिंदगी और भूमिका है ? जब जब आप कहानी के किरदार की तस्वीर को कल्पना के पटल से उभरकर स्पष्ट होते हुए देखते है ; तो प्रतीत होता है की यह तो कल ही की आस-पड़ोस की घटना का नायक है !

ऐसे ही किरदार "राजेश कुमार गिरि " (स्वयं लेखक) की दर्दनाक , पीड़ादायक संघर्ष और रहस्यों से भरी हुई रोमांचक परन्तु सत्या पर आधारित कहानी आपको प्रस्तुत कर रहा हूँ !

इस कहानी में प्रेरणा भी है , तो दर्द भी ! पीड़ा अगर है तो , प्रेम भी ! धोखा गर मिला , तो सहारा भी साथ-साथ चला आया बेख़ौफ़ होकर ! कही निराशा हाथ लगी तो कही सफलता भी चरण चूमने में पीछे ना रही ! कुछ अपनों और अपनी प्रिय चीजों को खोया तो बहुत कुछ पाया भी ! यही तो जिंदगी की वास्तविकता है !

सर्दी को वो मनहूस रात - पुस्तक सुविधानुसार उपलब्ध है !

और वो शीशी में कैद हो गया
लेखक राजेश कुमार गिरि